Paola Avallone

LA MORTE

NON SEPARA

LA MORTE NON SEPARA

Prima edizione: aprile 2015
© 2015 Paola Avallone
ISBN: 978-88-91188-09-0
www.paolaavallone.it
Email p.avallone@hotmail.it
Tel.: 339.3301504

... A te che resti...

La morte può essere un rifugio in cui trovare riposo dai mali della vita, come il Sonetto di Ugo Foscolo in cui il poeta simboleggiò la morte:

Alla sera

Forse perché della fatal quïete
Tu sei l'imago a me sì cara vieni
O sera! E quando ti corteggian liete
Le nubi estive e i zeffiri sereni,
E quando dal nevoso aere inquïete
Tenebre e lunghe all'universo meni
Sempre scendi invocata, e le secrete
Vie del mio cor soavemente tieni.
Vagar mi fai co' miei pensier su l'orme
che vanno al nulla eterno; e intanto fugge
questo reo tempo, e van con lui le torme
Delle cure onde meco egli si strugge;
e mentre io guardo la tua pace, dorme
Quello spirto guerrier ch'entro mi rugge.

PREMESSA

Il processo di morte è diverso per ogni essere umano; dipende dal Cammino Spirituale che la persona compie durante la vita, sia per ciò che si è intrapreso, sia per le esperienze vissute. Un aspetto però è uguale per tutti: **la morte non è la fine della vita** ma solo un passaggio ad una forma diversa dell'essere. Chi ha avuto un contatto diretto con la morte non ne ha più paura perché sa che la vita continua nell'aldilà, oltre quel tunnel luminoso tanto discusso. Chi ha toccato la soglia del passaggio alle porte dell'eterno e poi torna alla vita racconta di vedere un tunnel, inizialmente stretto, che poi si allarga sempre più, in cui una luce bianca e colori splendenti dalle mille sfumature trasmettono una sensazione di pace.

Questo piccolo libretto vuol dare un senso alla vita oltre la vita, portare esperienze di coloro che arrivano al confine della soglia e poi tornano indietro, sperimentare piccoli esercizi per poter imparare a comunicare con i propri cari oltre il visibile, percepire una coscienza Superiore che supera il bene e il male, la colpa e l'innocenza, il giusto e l'ingiusto e acconsente con un Amore più ampio a *tutto ciò che è*. Un Amore che non è comprensibile all'uomo e che non fa nessuna distinzione essendo la coscienza una Coscienza Universale.

Questo è invece il mondo degli opposti in cui luce e ombra non si possono separare perché le potenti forze non si possono dividere e vita e morte sono sempre in equilibrio per l'armonia del mondo.

INTRODUZIONE

Ormai da tempo svolgo il mio lavoro di ricerca e studio per la *Bellezza dell'Anima* con il metodo delle Costellazioni Familiari ideato e sviluppato da Bert Hellinger. Le Costellazioni Familiari, conosciute in tutto il mondo, riescono a sciogliere blocchi e irretimenti che spesso ci impediscono di essere felici nel corso della vita. La famiglia di origine è la nostra radice, la nostra fonte, in essa vi è tutto quello che ci appartiene. Generazione dopo generazione la vita arriva a noi guidata fa una Forza collettiva che riguarda tutti, vivi e morti, perché chi appartiene ad una famiglia vi appartiene per sempre, nella vita e oltre la vita.

La nascita e la morte sono l'entrata e l'uscita dal palco della vita, dire SÌ alla vita è aprirsi alla morte. Nel momento in cui si nasce la morte è presente, essa è sotto la nostra pelle aspettando silenziosamente il suo momento, la sua entrata in scena, per accompagnarci all'ultimo passo, alla Vera Vita, alla Vita Eterna.

Erasmo Da Rotterdam, il grande filosofo umanista del '500, nel suo libro *Adagiorum*[1], testo di proverbi scritti in latino e greco, scrisse:

Ogni giorno che nasce è un viaggio che inizia

In realtà ogni giorno è un nuovo giorno. Tutte le mattine, quando usciamo dal letto, energeticamente riviviamo l'uscita dall'utero materno e la sera, quando ritorniamo sotto le lenzuola e ci chiudiamo in

---

1. Erasmo da Rotterdam, *Adagiorum*. Nel 1500 l'editore parigino Jean Philippe pubblicò i suoi *Adagiorum collectanea*, una raccolta di 818 proverbi latini e modi di dire filologicamente commentati. La raccolta si amplierà con le successive edizioni: quella del 1505 ne contiene 838 l'edizione veneziana di Aldo Manuzio del 1508 (a partire dalla quale Erasmo comincerà ad inserire numerose citazioni greche) ne contiene 3.260 con il titolo *Adagiorum chiliades*, che sarà il titolo definitivo anche nell'ultima edizione pubblicata dall'editore di Basilea Johan Froben e contenente 4.151 proverbi, era l'anno 1536.

noi stessi abbandonandoci al sonno, è come un po' morire. È bene dunque che prima di addormentarci facciamo un riepilogo della giornata vissuta per vedere se i pensieri, le parole e le azioni sono state in sinergia e corrispondenza tra loro. Cerchiamo di trovare un momento gioioso trascorso nella giornata vissuta ed esprimiamo gratitudine.

Ricordo che da bambina i miei genitori mi dicevano di fare l'esame di coscienza prima di addormentarmi e chiedere aiuto all'Angelo Custode per vegliare su di me durante la notte.

Ma che cos'è la **coscienza**?

Hellinger descrive tre tipi di coscienza:

1 – la coscienza individuale, che è ristretta e limitata a se stessa. Essa distingue il buono e il cattivo, il bene e il male, la colpa e l'innocenza, e riconosce l'appartenenza solo di alcune persone escludendone altre. Con questo tipo di coscienza quando compiamo

azioni buone stiamo bene, viceversa stiamo male. In ogni attimo sappiamo cosa fare e cosa ci è permesso fare per poter appartenere alla nostra famiglia.

2 – la seconda coscienza è più grande della prima ed è quella collettiva. Essa difende gli interessi anche di coloro che sono stati esclusi dalla coscienza individuale. Tuttavia anche questa coscienza ha un limite, in quanto comprende solo i componenti che dipendono da essa, i membri di una famiglia ad esempio.

3 – esiste poi una terza coscienza, essa è la coscienza spirituale e supera le altre due. La coscienza spirituale non conosce il bene e il male, l'appartenenza e l'esclusione, la vita e la morte. Tutto è sottomesso a questa coscienza, che lo si voglia o no, sia che ci si adegui sia che ci si opponga.

Riuscire ad affidarsi a questo tipo di coscienza significa lasciarsi guidare; in questo modo si può imparare a **vedere** la vita in modo diverso. In essa non esiste nessuna distinzione perché è una coscienza universale che mette insieme ciò che è stato separato. Cos'è la nostra vita se non un puntino appena visibile nel continuo fluire dei tempi da miliardi di anni? È l'attimo di un *flash* che si illumina e subito si spegne nell'infinito mondo cosmico della creazione.

Una delle Leggi base dell'Universo è che noi siamo sempre stati e sempre saremo. Con la morte si entra in un'altra dimensione ma niente è perso, niente scompare, niente è diviso. Qui nel mondo fisico noi siamo abituati a ragionare in termini di tempo e davanti all'immensità dell'eternità il tempo non è altro che un battito del cuore.

Ogni cosa ha il suo tempo, perché ogni cosa appartiene al Tutto ed ha un'energia viva; la morte appartiene alla vita e tutto appartiene al Tutto.

COME VIVERE IL MORIRE

*Non puoi insegnare niente a un uomo. Puoi solo
aiutarlo a scoprire ciò che ha dentro di sé*

G. Galilei

Erasmo da Rotterdam, l'uomo più
discusso e amato del suo tempo, pur non
essendo stato uno dei grandi personaggi
della storia è riuscito, attraverso le sue
innumerevoli opere, a lasciare un profondo
segno nella cultura dell'umanità. Una
delle sue opere che voglio ricordare è *Della
Preparazione alla Morte*[1]. Il pensiero della
morte, o meglio la paura della morte, rese la
vita del nostro illustre genio piena di angoscia
e di timore. Continuamente il suo pensiero
lo accompagnava su questa riflessione, in
quanto a tutto vi era rimedio, ma non alla

[1] Erasmo da Rotterdam, *Della Preparazione alla
Morte*, traduzione di Mario Genesi, Alzani Editore,
Pinerolo 2004.

13

morte; questa non poteva essere respinta né con la forza, né con la fuga; né era possibile eluderla con vari stratagemmi. Essa ha sempre separato quello che è strettamente unito: l'anima dal corpo. Nessuno è stato risparmiato dalla morte, nessun uomo è riuscito mai a sfuggirla, non si ricordano nella storia nomi di santi e di profeti che sono riusciti a superarla; neanche i discepoli prediletti di Gesù sono riusciti ad evitare questo passaggio.

L'illustre olandese dedusse che la morte poteva essere esaminata sotto quattro aspetti: naturale, spirituale, metamorfica, eterna.

La morte naturale è la fine della vita ed è il passaggio di separazione dell'anima dal corpo.

La morte spirituale indica l'anima che si separa da Dio; come l'anima è vita per il corpo, così Dio è vita per l'anima. La morte naturale si intreccia con quella spirituale, perché l'una appartiene all'altra e solo con l'aiuto dello Spirito di Cristo si può ottenere la vittoria; in noi infatti è sempre viva la Fiamma di Cristo. Questo tipo di morte, naturale e spirituale, spiegava Erasmo, dovrebbe essere voluta e cercata da ogni essere umano; occorre meditare su di essa con grande impegno per tutta la vita, perché è l'unico scopo di questa esistenza fisica.

La morte metamorfica, invece è la trasformazione soprannaturale di un essere in un'altra diversa natura. È dunque l'anima, l'elemento principe che accompagna l'uomo lungo il percorso della vita, ed è l'anima che deve essere curata e salvata, non il corpo.

La morte eterna è l'argomento dell'anima, è presente lungo tutto il percorso del libro *Della Preparazione alla Morte*. Il vero servizio è il servizio di Dio, quella è la vera professione, la milizia cristiana; Dio mette a dura prova i Suoi soldati con la tentazione più forte: la morte fisica.

«La bellezza appassisce come le rose, gli amici volano via come le rondini. La vita è incerta, la morte pareggia ogni cosa. Quanti sono coloro che vivono fino a raggiungere, non dirò l'età di Noè e di Matusalemme, ma appena cento anni? E quanti vivono fino a sessanta? Non uno su mille. Il corpo morrà, ma nulla è spaventoso come la morte dell'anima. Studia quindi, per renderti capace della felicità eterna. E questo ti riesce meglio, se ti apparti dalle seduzioni del mondo.»

Erasmo Da Rotterdam

Spesso la vita ci propone situazioni difficili, destini pesanti, ma tutto proviene da una Forza Superiore alla quale dobbiamo arrenderci. Una Forza troppo potente che è al di là del nostro pensare e solo con l'accettazione e l'apertura del cuore si può cambiare qualcosa. Il dono più grande che si può avere è la vita stessa e il sentimento di base della vita è la gratitudine, la gratitudine per tutti gli esseri e per tutte le cose. Spesso ci capita di voler comunicare con gli angeli e con i morti in modo rapido e comprensibile! Eppure qui, in questa dimensione sul pianeta Terra poter parlare con qualcuno di nazionalità diversa dalla nostra è difficilissimo; dobbiamo impiegare mesi se non anni per imparare una lingua straniera.

Quindi per poter parlare con gli angeli e con coloro che hanno lasciato il corpo dobbiamo imparare ad usare il loro linguaggio, che non è fatto di verbi e di parole, ma di atteggiamento del cuore. Solo così possiamo comunicare con gli angeli e con loro, solo dal profondo della nostra anima. Più impariamo a sentirci, a percepirci, a stare dentro di noi, più stiamo in sintonia con la parte più profonda di noi stessi e più saremo sulla loro lunghezza d'onda.

Il primo atto che facciamo nel nascere è respirare, inspiriamo la prima volta prendendo l'aria. L'ultima azione della nostra vita è espirare. Tutta la vita qualsiasi essere umano, di qualunque razza, di qualsiasi religione e in qualsiasi luogo si trovi non può far altro se non respirare per vivere, perché il respiro è il principio della vita. Si ispira prendendo e si espira lasciando, possiamo immaginare quindi che ogni istante è vivere e morire. Quando si ispira i polmoni si espandono, il torace va verso l'alto, è il vivere. Quando si espira viceversa i polmoni si ritraggono, il torace si abbassa, è il morire.

Ripetiamo continuamente questa azione senza esserne consapevoli.

La vita e la morte sono due realtà separate che racchiudono la stessa natura divina. Tutto il creato è una manifestazione soprannaturale delle Grandi Forze, Forze Superiori a noi sconosciute.

Dentro di noi esistono forze selvagge e meravigliose

Queste parole sono di San Francesco d'Assisi, con le quali egli descrisse il mistero e il potere che convivono nell'animo umano. Secondo Jalal ud-Din Runi, il più grande poeta mistico dell'Islam, questo è il potere che ci conduce lungo il flusso della vita[2].

È vero, in ogni essere umano è presente un potere nascosto che racchiude il vero senso della vita. In noi esistono delle forze sconosciute che sfuggono alla percezione quotidiana ma che ci guidano in un cammino di pace, al di là del tempo e dello spazio, in cui non c'è confine tra i vivi e i morti.

---

2 G. Braden, *La Scienza Perduta della Preghiera*, Macro Edizioni, 2006, Diegaro di Cesena (FC).

Questa *energia sottile* che ci guida conosce tutto, perché è la forza infinita dell'universo che va al di là di ogni ragionevolezza umana. È proprio da questa *energia sottile* che provengono le forze guaritrice dell'anima. Dobbiamo avere benevolenza nei riguardi di queste forze, in quanto noi siamo qui perché un ponte invisibile ci unisce tutti.

LA PAURA E
IL PUNTO DI SVOLTA

Viviamo nella paura ed è così che non viviamo
Buddha

Nascita e morte sono i due aspetti principali della nostra esistenza, sono l'entrata e l'uscita dal palco della vita. Nella morte si prova la stessa sensazione della nascita e la paura è l'emozione regina che ci accompagna lungo il nostro cammino, dall'inizio alla fine. Non si può eliminare la paura, ma si può avere il coraggio di guardarla. Quando si guarda in faccia la paura essa scompare. La paura infatti non è altro che quella parte buia di noi alla quale bisogna portare la luce. È molto significativo vederla, guardarla come se fosse un quadro, ammirarla da lontano e poi lasciarla andare. Più si osserva la paura più questa si dissolve.

Imparare ad affidarsi è conoscere la vita, è conoscere se stessi. Questa vita che fugge in fretta, il cui tempo non ci basta mai. Pensiamo sempre al dopo, al futuro a ciò che avverrà... e spesso la paura fa da padrona.

Perché abbiamo paura? Per le esperienze negative subite nel passato.

Vi racconto una storia:

Tanti secoli fa la vita e la morte fecero un patto. In quel periodo vi era la peste, malattia infettiva fortemente contagiosa e in un paesino del nord la vita chiese alla morte di lasciarle almeno diecimila persone vive e la morte ben lieta accettò. Quando tutto tornò nella normalità la vita si trovò con settemila uomini vivi e pensò che la morte non avesse mantenuto il patto. Infuriata la vita andò dalla morte per reclamare i suoi tremila uomini, ma la morte le rispose: «No mia cara io ho mantenuto il patto, ho preso cinquemila uomini, mentre le tremila persone che ti appartenevano se le è prese la paura».

La paura **non razionale** è qualcosa che ci sposta dal tempo presente e ci proietta in un momento che non c'è. Ci altera le funzioni organiche, il respiro lo blocca, il corpo lo irrigidisce, il cuore ha un'alterazione accelerata, compaiono sensazioni di caldo, freddo, tremolio, tutto il nostro organismo va in panico.

La paura è una costruzione mentale che arriva in un determinato momento in funzione di un pensiero. Si può definire la paura uno schema energetico. Cambiando il pensiero cambiamo energia. Il cambiamento può avvenire solo con l'accettazione di quella parte di noi che non ci piace. Fare del nostro meglio riuscendo a cambiare il punto di vista è come fare un salto nella Luce, dal buio alla Luce, Luce piena. Questo è lo scopo per il quale siamo nati, per cercare di mutare o meglio invertire tutti quegli aspetti negativi per i quali attacchiamo o siamo attaccati. Dobbiamo destrutturare tutto quel bagaglio che per condizionamenti, educazione, tradizioni, convinzioni, obblighi e vicissitudini abbiamo imparato ad accettare fin dal grembo materno.

Quando, spesso a seguito di una grande sofferenza, comprendiamo di essere scollegati da ciò che stiamo facendo e da ciò che ci circonda, forse iniziamo ad intravvedere altre vie. Tutto il nostro sistema di credenze si sfalda, si frantuma e forse solo allora siamo pronti a guardare una diversa Realtà.

Quando comprendiamo che la morte non è altro che una tappa intermedia della vita, una specie di punto di mezzo fra il passato e il futuro, ci rendiamo conto di quanto sia importante non fuggire o scappare da se stessi. Solo così possiamo comprendere che quello è il **Punto di Svolta**, un punto sia per noi che restiamo e sia per coloro che amiamo.

Nel libro del Prof.re Cesare Boni, dal titolo *Dove va l'Anima dopo la Morte?* Nel capitolo intitolato: La Paura della Morte, la prima pagina è ironica e divertente. Egli spiega che fu invitato a Napoli per condurre un seminario sulla morte. Di prima mattina si sedette ad un tavolino in un Bar alla Riviera di Chiaia e sistemò la borsa con il contenuto del corso ai suoi piedi.

Nonostante fosse assonnato, notò che le persone si allontanavano dal bancone del Bar e nessuno osava avvicinarsi a lui. Finito di bere l'ultimo sorso di caffè, si alzò, pagò e riprese la sua borsa e uscì dal locale. Solo in quel momento si rese conto che sulla borsa vi era scritto a lettere maiuscole: **Corso della Morte**.

Noi non siamo abituati a **ragionare** in questi termini e **vedere** la morte come evento naturale della vita in modo costante e quotidiano. Alla morte non si pensa mai, anzi a volte viene repressa al punto tale che si vive la vita come se la morte non ci fosse o meglio che appartenga sempre agli altri. Ma non possiamo capire la vita se non prendiamo in considerazione anche la morte. Bisogna imparare a vivere la morte nel lato positivo, in senso nuovo.

Tempo fa ebbi modo di leggere una frase:

*Rivivere la positività della morte è una
conquista nella mente*

L'accettazione della morte comporta
la comprensione che il giorno e il modo in
cui si muore ha un significato preciso così
com'è, perché la vita appartiene a Colui
che ci ama ed è quindi deciso da una Forza
più Grande che sa tutto e conosce tutto.
Ognuno ha il suo esame, l'anima prende un
corpo per fare un'esperienza evolutiva. A
noi la morte fa paura perché viviamo nella
continua dipendenza del corpo; il nostro ego
ci proietta sempre più verso l'esterno e ci fa
credere che quella sia la **vita**.

La coscienza umana secolo dopo
secolo si è sempre più sentita al sicuro
nell'umano, nella materia, nel mondo del
visibile. Il *focus* di tutta la vita lo si fa proprio
con il passaggio della morte; il punto di
orientamento del significato cosmico è

proprio la morte.

Il ringraziamento di vivere la morte, la gratitudine dell'atto del morire, sono gli aspetti più belli per la nostra coscienza.

Il *l'Eterno Riposo* è la preghiera per la pace dell'anima, è la Luce perpetua che dona la purificazione per entrare nello **Spirito Eterno**.

Questa preghiera è ricca di emozione, ovvero *e-mozione*, energia in movimento. Essa accompagna con il cuore e con la mente le anime che hanno lasciato il corpo affinché possano continuare il loro viaggio nella **vita eterna**. Più noi riusciamo ad avere questa visione aperta di lasciare andare i nostri cari e più loro possono evolversi e proseguire il loro cammino.

LA PERCEZIONE

*Nessuno può capire bene qualcosa e farla
propria quando l'apprende da un altro, ma solo
quando l'apprende da se stesso.*

Cartesio

Cos'è la percezione? Come si possono abolire i vecchi schemi, condizionamenti, tradizioni, abitudini ed inserire nuovi *programmi* nel cuore?

Ho già scritto che oltre alla coscienza individuale esiste la coscienza collettiva e per repressioni, per falsi giudizi, per esclusioni, per aver dimenticato alcuni antenati o non saputo della loro morte, avviene che nelle generazioni successive si possono ripetere gli stessi schemi, paradossalmente gli stessi destini.

Nelle Costellazioni Familiari è facile **vedere** alcuni irretimenti, in cui qualcuno della famiglia ripete, inconsciamente, lo stesso destino di qualcuno che l'ha preceduto. Solo ristabilendo degli ordini, dove ognuno è al suo posto, gli **Ordini dell'Amore**, come li chiama Bert Hellinger, si possono sciogliere quegli schemi e blocchi pesanti che spesso si trascinano come pesi morti, già la morte non è solo la fine della vita.

Noi non siamo mai soli, nemmeno nei momenti più difficili; gli Spiriti Guida e i nostri cari ci accompagnano costantemente per indicarci la via dell'Amore.
È comprensibilissimo piangere e addolorarsi per una persona che ha lasciato il corpo, straziante il dolore di una perdita di un figlio, la prova più grande e forte che un'anima possa attraversare. Mi inchino davanti ai genitori che affrontano una prova così devastante. Essi cadono nello sconforto più abissale di ciò che si è perduto, o per ciò che la persona non ha vissuto, perdendo il senso della vita.

Dalla sponda opposta le persone che noi amiamo ci guardano impotenti per la nostra sofferenza, per aiutare loro noi dobbiamo unirci in quel punto comune di reciproca appartenenza, da cuore a cuore in un arco di Luce e affidarci a quello che noi veramente siamo. Esseri di Luce in cammino per fare una evoluzione nel piano cosmico, perché l'eco Celeste è sempre presente. Dobbiamo liberarci della visione del mondo, una visione troppo materialista e limitata che non ci fa vedere quei livelli superiori che ci accomunano.

Qui nella vita terrena dobbiamo allenarci ogni giorno a *sentire* e *percepire* chi siamo, o meglio, essere costantemente collegati al nostro **Sé Superiore**. Tutto ha bisogno di allenamento; affinché si possa essere nella pace è necessario avere sempre pensieri, parole e azioni in linea con il nostro Sé, perché l'incontro con l'Altro è dato da un movimento dell'anima[1].

1 Il libro *Un Corso In Miracoli*, Macro Edizioni, spiega che l'incontro con l'altro è nell'unione attraverso lo Spirito. Nel T-15.I.2:8-9 *Per l'ego l'obiettivo è la morte, che è il suo fine. Ma per lo Spirito Santo l'obiettivo è la vita, che non ha fine.*

Idelgarda da Bingen, monaca benedettina tedesca del XII° secolo, in una delle sue visioni, le fu rivelato il giorno in cui sarebbe stata liberata dal peso del corpo, il 17 Settembre del 1179 e in quel giorno tutte le monache la salutarono con canti nuziali. Lei definì il mondo come l'Opera perfetta di Dio in cui l'uomo può rispecchiarsi e vedere la regolarità del Cosmo Infinito. Tutto è unito al Tutto perché reciprocamente e indivisibilmente è unito a Dio.

Per Idelgarda l'insieme della vita è collegato ad un filo che tesse la meravigliosa trama dell'esistenza della vita stessa, tutto per lei è messo in moto da quella Energia Superiore, da quella Grande Forza o Forza Miracolosa che mantiene il tutto nel più perfetto equilibrio. Niente succede per caso, **tutto** rientra nella totale unità e completezza della perfezione divina.

Leggendo alcuni brani della vita di Idelgarda, mi ha colpito il fatto che lei fosse innamorata della musica e del canto come aspetti celebrativi. Una bella voce o uno strumento dal suono melodioso avevano per lei una funzione terapeutica poiché infondevano pace, calma e gioia.

Oggi esiste la musicoterapia ma negli anni di Idelgarda, nel XII° secolo, la musica come ricerca interiore dell'armonia dell'uomo era davvero qualcosa di Superiore. Lei nella musica vedeva rispecchiato l'Infinito Ordine della Divina Perfezione e affermava che nella musica si poteva ascoltare l'eco dei canti celesti.

Abbiamo detto che nulla è a caso, l'eco celeste è sempre presente.

Tempo fa mi giunse una lettera di un papà che aveva perso la propria figlia. Trascrivo alcune righe:

...ogni bimbo appartiene a se stesso, non è nostro, lo dovremmo rispettare nella sua scelta ed ascoltare, ha molto da insegnarci. Tutti dovremmo andare a scuola da loro, e non il contrario. Dobbiamo sognare il sogno giusto, non un incubo,

altrimenti il mondo resterà sempre l'inferno che è...

...Bisogna vivere con più consapevolezza e trovare il tempo di affrontare i temi fondamentali dell'esistenza, perché senza le fondamenta qualsiasi costruzione è destinata a cadere miseramente nella polvere. Se non si ha consapevolezza dell'esistere e quindi anche del rapporto col passaggio ultimo della trasformazione, non si può vivere ma solo sopravvivere.

COS'È LA PREMORTE

«La morte non è un punto che chiude la grande frase della vita, ma una virgola che le conferisce un significato più sublime. La morte non è un vicolo cieco che porta l'umanità al nulla, ma una porta aperta che conduce alla Vita Eterna.»

Martin Luther King

È la fuoriuscita dal corpo fisico in cui ci libriamo nello spazio con estrema leggerezza e con una sensazione di pace, gioia e benessere. Viaggiamo alla velocità della luce e ci possiamo spostare in ogni luogo. Chi vive queste esperienze di premorte abbandonando il proprio corpo abbandona anche ogni dolore fisico; il dolore infatti appartiene solo al corpo biologico.

Un mio caro amico, ora nell'altra dimensione, da giovane ebbe una simile esperienza: in un sorpasso con la moto lungo il litorale di Ostia fu investito da un tir che uscì improvvisamente da una traversa e dopo il vuoto della sua amnesia, ricordava solo l'immagine che segue. Trascorso del tempo, non si sa quanto, egli si rese conto che il suo corpo era disteso su un lettino di un'autoambulanza e vedeva dall'alto il suo corpo sulla lettiga. Era felice, in pace, mi raccontò che stava benissimo, sentiva un'infinita gioia interiore e voleva continuare a stare in quella sensazione. I medici nel frattempo facevano di tutto per riportarlo alla vita, ma lui con le mani e le braccia cercava di togliere dal suo corpo le varie flebo, voleva spostare chi gli applicava la rianimazione, ma tutto fu vano, le sue dita passavano incolumi tra le persone presenti. Non voleva essere rianimato, poi sentì un forte colpo al cuore e si ritrovò di nuovo nel suo corpo.

Il processo di morte è diverso per ogni essere umano, dipende anche dal cammino spirituale che ha intrapreso e dalle lezioni che ha imparato durante la vita. Per tutti la morte non è la fine della vita ma solo un passaggio ad una forma diversa dell'essere. Chi ha avuto un contatto diretto con la morte non ne ha più paura, perché sa con certezza che la vita continua in un'altra dimensione.

Che ci piaccia o no, siamo noi la causa di noi stessi. Nascendo in questo mondo, cadiamo nell'illusione dei sensi; crediamo a ciò che appare. Ignoriamo che siamo ciechi e sordi. Allora ci assale la paura e dimentichiamo che siamo divini, che possiamo modificare il corso degli eventi.

Giordano Bruno

LA VITA E LA MORTE

La vita è un insieme di avvenimenti di cui l'ultimo potrebbe anche cambiare il senso di tutto l'insieme.

Italo Calvino

In un seminario con il Dr. Pietro Archiati che feci alcuni anni fa, ricordo che egli parlava di quattro stati d'animo di coloro che vivono in un'altra dimensione:

1. la gratitudine per tutto ciò che esiste.

2. la comunione per tutto ciò che esiste, quindi il Cosmo e tutti gli esseri di Luce appartenenti ad esso.

3. la fiducia per l'avvenire tutto in positivo, affinché l'uomo vada sempre avanti nell'Amore. Solo l'essere umano può danneggiare la propria evoluzione.

4. la capacità di vivere sempre più nella gioia piena.

Chi vive in un'altra dimensione vive nei pensieri delle Leggi dell'evoluzione dello Spirito, noi dalla nascita alla morte viviamo solo un trattino di questa evoluzione. Attraverso la nostra anima, che è eterna perché arriva dall'infinito e torna all'infinito, abbiamo e conosciamo il senso della vita. È bene quindi chiedersi:

Perché sono qui?

Qual è il mio servizio?

Qual è il compito che devo svolgere perché la mia anima possa evolversi?

Questo è il Vero senso della Vita; il modo in cui entriamo in questa dimensione fisica ed il modo in cui ne usciamo è sempre quello che come anima abbiamo scelto e voluto. È vivere l'esperienza in modo positivo che porta alla guarigione. Il coraggio è l'opposto della paura e del dolore, serve tanto coraggio per dire Sì a ciò che è, ma quel Sì è dare uno spazio, è dare la guarigione all'anima.

Con le Costellazioni Familiari ho imparato a conoscere un cammino senza fine. Quando si perde l'amore di qualcuno tutto stanca ed essere sempre più stanchi significa *"Non voglio più vivere, aspetto la morte"*.

Senza amore la vita è vuota, perché continuare a vivere? Ed è così che in molte persone si sviluppano anche malattie. Trovare la via verso l'Amore significa trovare la via verso la Vita, la **Vera Vita**.

Come si gira e si volta... la morte è l'argomento principe, molto nascosto, della vita.

Spesso, quando non riusciamo a terminare delle cose che abbiamo iniziato, è perché non troviamo la chiusura. Rimaniamo con i cerchi aperti perché ci sentiamo legati al passato e così vivi e morti restano uniti.

Durante le rappresentazioni delle Costellazioni Familiari si dicono delle frasi, una che si può dire ad una persona che non è più in questa dimensione può essere:

«Grazie per tutto ciò che mi hai regalato, ti lascio libero/a al tuo destino, mentre io continuo con il mio. Tu sei nel Regno dei morti ed io in quello dei vivi, quando verrà il mio momento ti raggiungerò, ma ora vado avanti per la mia strada portando te sempre nel mio cuore.»

Questa è una frase che libera, così le persone che hanno lasciato il corpo possono continuare i loro percorsi, il loro cammino. La morte è il motore di trasformazione più grande della vita, tutti siamo legati gli uni agli altri da una profonda benevolenza e lo scopo di tutta la nostra **vera vita** è allenarci a conoscere questa benevolenza.

Ogni nostro movimento è frutto di un sentimento, ma il vero movimento è il movimento dell'anima che interagisce con l'intero cosmo. Le Costellazioni Familiari sono senza tempo perché passato e futuro sono presenti e abbracciano tutti, i vivi e i morti.

Esistono tre Leggi Universali riguardo le Costellazioni Familiari:

1. **Legge dell'Appartenenza**: se appartengo ad una famiglia, vi appartengo per sempre da vivo e da morto.

2. **Legge della Gerarchia**: chi è più anziano vi appartiene da più tempo ed ha più diritto di chi viene dopo.

3. **Legge dell'Uguaglianza**: prendere è dare, ognuno da quello che ha e prende quello che gli necessita.

Ognuno ha la sua propria morte ed ha il diritto di averla così com'è, ma le nostre lacrime a volte non ci fanno vedere la terza coscienza, la coscienza Spirituale. Essa è rivolta a tutti al di là del bene e del male, al di là della colpa e dell'innocenza e quando noi ci colleghiamo con questa coscienza Spirituale, siamo collegati all'Unione e alla Riconciliazione con il Tutto. Questo è lo scopo della nostra esistenza, vivere tutte le esperienze che la vita ci offre come dono d'amore ed essere sempre collegati alla Presenza Divina che è in noi.

Prendi le tue note:

COME COMUNICARE

Se cambi il tuo atteggiamento verso le cose,
finisci per cambiare le cose.

E. M. Cioran

Prima cosa da fare quando decidiamo di avere un contatto con un nostro caro è raccogliersi profondamente con noi stessi e pensare alla persona con la quale vogliamo comunicare. Chiediamo l'aiuto degli Angeli e degli Spiriti Guida.

Immaginiamo poi che dal nostro cuore esca un raggio di luce fosforescente che raggiunge la persona con la quale vogliamo comunicare e pronunciamo il suo nome. Il pensiero è la forza più potente per andare oltre il piano fisico. Visualizziamo il nostro caro e affidiamo alla nostra parte Divina, che è come un'antenna trasmittente, tutta la nostra Energia del pensiero.

La forza dell'energia che inviamo sarà ricevuta più facilmente su quel piano dell'Amore che permette di sentire le sensazioni profonde. È il microfono dell'Amore che ci aprirà al mondo altro.

Quando l'uomo sa elevarsi sul piano dell'Amore non vi sono più divisioni, egli può comunicare con chiunque; diviene un'antenna trasmittente e ricevente poiché siamo Uno con tutti, all'unisono *un-suono*.

Perché vogliamo sempre trattenere e abbiamo paura di lasciare andare?

Perché temiamo così tanto la fine, la morte?

Ogni risposta è dentro di noi e meno ci sforziamo di capire e più ci avvicineremo alla verità, verità che non è pensabile, comprensibile per noi qui sul piano fisico. Come ripeteva Padre Pio portando l'esempio del bambino con il ricamo della mamma:

Un bambino guardando il ricamo di sua madre diceva che era brutto e fatto male, perché tutti i fili pendevano dal telaio e non si capiva nulla del disegno. Allora la madre gli disse che non era quello il disegno, la parte originale, ma il bambino non poteva vedere perché era piccolino e non arrivava ad osservare la parte superiore della tela!

Anche noi siamo dei piccoli bambini che non possiamo vedere cosa esiste sopra, oltre di noi, ma la Fede e l'Amore ci permettono di **vedere** oltre, li nell'invisibile.

Tutto ciò che Dio ha creato non può avere fine. Cos'è che ha fine? Solo un corpo fisico ha fine, un corpo che viene "animato" per dare il senso e lo scopo della nostra esistenza. Quando ha terminato il suo percorso ha fine. Non è il tempo a definire il suo stato di apprendimento, non è l'età anagrafica che viene rispettata... nell'Infinito non c'è tempo e non c'è spazio.

La nostra **ESSENZA**, il nostro **Sé Superiore**, quell'alito di Dio che è in ogni uomo e che attraverso il corpo ci insegna la Libertà, la Verità, l'Amore, la Via per condurci nella Vera Vita, la Vita Eterna, è senza inizio e senza fine.

In tutto questo si trova la Pace di Dio, dell'Eterno, dell'Infinito, del Tutto, quel Tutto che è anche in noi e nel quale dobbiamo aggrapparci con tutta la nostra forza.

Immaginiamo un grande albero, dove ognuno di noi è un ramo e possiede dunque le stesse proprietà dell'albero, pur non essendone il suo intero. Anche in noi risiedono tutte le memorie cellulari e apparteniamo all'intero Universo pur non essendone consapevoli.

Le nostre capacità illimitate possono trovare gioia, benessere, felicità, abbondanza, ricchezza, salute, amore incondizionato se solo riuscissimo a conoscerne la chiave.

Impariamo il *sentirsi* dentro, l'essere disponibili a raggiungere questo alto potenziale. Il nostro scopo è quello di trovare in noi questa Essenza che trascende la nostra quotidianità.

Gesù amava dire: *"Sono nel mondo ma no del mondo"*.

Quindi qui, in questo mondo fisico usiamo il buon senso con la nostra conoscenza e logica, ma ricordiamoci che i nostri pensieri determinano la nostra vita. Spesso non si possono cambiare le situazioni, ma possiamo cambiare i pensieri che le riguardano. Ogni volta che il nostro corpo fisico, mentale, emozionale e spirituale sono in linea tra loro, avviene un miracolo.

La morte non separa.

Come dice una sensitiva: *"L'aldilà è al di qua un po' più in là"*.

Siamo consapevoli che con la morte dobbiamo lasciarci tutto alle spalle e a volte questa prospettiva di perdita genera in noi una profonda paura e sofferenza.

"Io tratto la Paura fondamentale
tutte le altre sono eco
lontane dalla prima
e questa è la paura della morte.
Ogni morte ti ricorda la tua stessa morte.
Quindi come prima cosa,
si deve capire che il solo modo
per liberarsi dalla paura
è liberarsi dalla morte.
Ed è possibile
perché la morte
è solo un'idea non una realtà".

Osho

BIOGRAFIA

Mi chiamo **Paola Avallone** e vivo a Roma, la città in cui sono nata. Filosofa e ricercatrice, scrittrice e sensitiva, innamorata da sempre della **Bellezza** sia fisica, sia spirituale. Lavoro nella Crescita Personale con le Energie sottili, ogni cosa nella vita è energia, dal visibile all'invisibile. A 17 anni, durante un periodo estivo di tre mesi a Saltino (FI) con le Suore di Nevers, ebbi modo di conoscere fratel Carlo Carretto, con lui e con l'educazione spirituale ricevuta da mio padre Alfredo, iniziai il mio Cammino di Fede che oggi conservo caro nel cuore. Quel periodo fu il seme che mi fece comprendere quanto a livello umano fosse importante l'unione. Dopo la Maturità Scientifica presi il Diploma di Estetista specializzandomi nel linfo-drenaggio manuale metodo Vodder. Continuai gli studi all'Università Cattolica Agostino Gemelli di Roma per la Scuola di

Tecnico Cosmetologo e durante gli anni di università ebbi modo di conoscere, come volontaria, alcune signore operate di mastectomia. Nel periodo dei quattro anni di studio, ascoltai le loro storie..., storie di dolore, di sofferenza e di menomazione non solo fisica... fu così che nacque in me il desiderio più forte di crescere interiormente. In seguito continuai la formazione **Crescita Personale** con studi, seminari, stages e corsi, fino a laurearmi in **Filosofia** con indirizzo Umanistico all'Università La Sapienza di Roma.

Negli anni '90 iniziai a studiare e continuo a farlo, **Un Corso In Miracoli** con insegnamento propedeutico riconosciuto da Kenneth Wapnick e con Patrizia Terreno.

Nel 2008 incontrai in Germania Bert e Sophie Hellinger iniziando con loro la formazione in **Costellazioni Familiari** diplomandomi con una tesi dal titolo: **La Vita con i Morti**.

Nel 2010 fondai l'Associazione **Porte Aperte al Benessere** per dare una conoscenza e consapevolezza a tutti coloro che sempre più vogliono conoscere un altro modo per vivere la propria esistenza. Il mio Amore per la Bellezza mi ha portato a ideare Crystalia, un ponte dal corpo all'anima, prodotti Cromominerali che aiutano a stimolare i Chakra. La conoscenza e la modalità di **Crystalia** mi arrivò attraverso un sogno in cui un Angelo aprì le Sue ali, su una era scritto Corpo e sull'altra Anima. Iniziai questa meravigliosa avventura facendo nascere sette lozioni e sette creme da applicare sul corpo, ognuna con un colore, un estratto minerale, un profumo e un Arcangelo che corrispondono ad un Chakra specifico, così da migliorare energeticamente la propria forza interiore.

Scrivo piccoli manuali e libri di consapevolezza sulla Vita, Nascita e Morte, perché la morte appartiene alla Vita. Partecipo a Convegni nazionali.

Il lavoro che svolgo si basa sulle Energie sottili, potente strumento per conoscere la propria consapevolezza.

www.ingramcontent.com/pod-product-compliance
Lightning Source LLC
Chambersburg PA
CBHW060624030426
42337CB00018B/3178